›FELLFLUCHT‹

›ROBO-MO‹ auf den Spuren der Wissenschaft

...

Ein Experiment als Proband!

Sabine Grassy

AF219758

Sabine Grassy

›FELLFLUCHT‹

Fiktiver Roman

Impressum

Bibliografische Information der Deutschen Nationalbibliothek:
Die Deutsche Nationalbibliothek verzeichnet diese Publikation in der Deutschen Nationalbibliografie; detaillierte bibliografische Daten sind im Internet über
http://dnb.dnb.de abrufbar.
© 2021 Sabine Grassy
Herstellung und Verlag: BoD – Books on Demand, Norderstedt
ISBN: 9783754322154

Die Autorin lebt, was sie schreibt.

Was sie nicht selber von ihren Hunden hört, spielt sich hauptsächlich in ihrem Kopf ab.

Die ›Fellnasen‹ besitzen die einmalige Gabe, mit ausdrucksstarker Körpersprache genau das in ihr zu wecken, worüber sie berichtet. Eine besondere Zielgruppe damit zu erreichen, liegt ihr besonders am Herzen.

IN EIGENER SACHE!

Ich liebe Missionen.

Abstand zu nehmen von Ideen, die sich in meinem Kopf manifestieren, ist weder leicht noch von mir gewünscht.

Ein Hund muss zu mehr berufen sein!

Ob ich meinen Spleen in den Griff bekomme, bleibt für mich eine Frage mit sieben Siegeln.

In bester Verfassung will ich anders sein!

Und genieße Dinge, die mir quer durch den Kopf schießen, unabhängig davon, ob und wie ich sie umsetze. Ich bleibe ein Shih Tzu mit einem Gehirn voller überspannter Erleuchtungen.

Gizmo go to ›Robo-Mo‹!

INHALTSVERZEICHNIS

Proband!

Wechsel-Gewand

Mir ist langweilig.

Kennst Du ›Krabumms‹?

Spätestens jetzt weißt Du, wovon ich spreche.

Ausbrechen, dem Alltag mit Ziel-Wechsel den Rücken kehren, Dinge tun, die andere als nicht selbstverständlich abtun –

das ist das einzig Sinnvolle zum Durch-
brechen festgefahrener Wege und öder
Strukturen.

Viel geht mir seit Monaten durch den
Kopf auf der Suche nach Abwechslung.

Ich will ein Shih Tzu sein, der bewegt.

In meinem Leben habe ich ein schwer
verdauliches Potpourri erfahren über
psychische und psychosomatische Erkran-
kungen, nicht am eigenen Leib, eher am

Rande als Zuhörer. Die Behandlung ist, wenn ich es richtig einschätze, viel schwieriger als im Vergleich zu einem Arm- oder Beinbruch.

Dem Gehirn einen Gips anzulegen oder dasselbe bei einer ›Herzfraktur‹, klingt nach guter Option, die medizinisch nicht umsetzbar ist.

Ich grübele, zu welchem Zweck die Menschen Roboter erfinden, die mittlerweile Gefühle beherrschen?

Spüren sie Schmerzen?

Gibt es unter ihnen Psychopathen?

Baut man sie entsprechend, dass sie sich keine Verletzungen zuziehen oder fallen im Fall der Fälle ganze Bauteile ab?

Gleichgültig, wann ich sinniere, mich fasziniert dieses Thema.

Kürzlich berichteten Wissenschaftler im Fernsehen von Studien und riefen dazu auf, dass sich Freiwillige anmelden.

Ähnliche Testreihen existieren beim Einsatz neuer, noch nicht zugelassener Medikamente.

Probanden wurden sie im Fall einer Zusammenarbeit genannt.

Arbeit hört sich nach Stress und Monotonie an, ›Pfoten-Schwenker‹ oder ›Fester-Tester‹ klingt angenehmer und es missfällt mir, wenn man sich in keiner Richtung engagiert.

In mir erwacht der unbeherrschbare Wunsch, ein Roboter zu werden.

Natürlich für einen Zeitraum, der von vornherein festgelegt und begrenzt wird.

Herauszufinden, ob mein Herz in anderer Montur rast, ich Ängsten verfalle, ›Panikattacken‹ verspüre und Hunger und Durst ihre Daseinsberechtigung nicht verlieren, ist nicht spannend, es fasziniert.

Erst finde ich heraus, wo ich mich bewerbe, anschließend, ob ich als Roboter meine hübsche Shih Tzu-Optik behalten darf.

Um ein Haar hätte ich mich verschluckt, wie höre ich mich an?

Aber meine Eitelkeit lässt nichts Gegenteiliges zu.

Obwohl: Ist man als Automat noch auf Äußerliches bedacht?

Mir brennt im Überfluss unter den Krallen, was sich ändert und – noch viel mehr, – was ich von den Veränderungen mitbekomme.

Auf mich wartet ein Lebensabschnitt, der es in sich hat und unvergessen bleibt.

Morgen weihe ich Teddy ein, der mir zur Seite stehen muss.

Unbeeindruckt bin ich nicht davon, dass ich meine Kontrollfähigkeit und Autonomie ablege.

Falls mein ›Buddy‹ einschreiten muss, wird er da sein, was mir von Beginn an Sicherheit vermittelt.

Passager benötige ich noch eine Gesprächsvorlage.

Teddy tut es andernfalls als Hirngespinst ab, weil ich des Öfteren mit Langeweilebekämpfenden Vorschlägen auf ihn zukomme.

Dieses Mal mache ich Ernst.

›Pro‹ steht für Positives, ›Band‹ vermittelt Verbindung.

Teddy wird nicht umhinkommen, sich überzeugen zu lassen.

›ABER-Bombardements‹ scheppern in meinen Ohren, die ich mit handfesten Gründen abschmettern und entschärfen muss.

Sollte sich herausstellen, dass ich dieses Experiment unter ›human-hundgerechten‹ Bedingungen in Angriff nehmen kann und kein Wort von Versuchslaboren fällt, bin ich demnächst ein Teil der Wissenschaft.

Ich werde Proband, weil ich keine

Erklärungen fand.

Unzählige Fragen, die mich quälen,

stellten mich vor die Aufgabe zu wählen.

Aus welchem Grund erfindet keiner

einen Schlüssel,

mit dem man Krankmachendes

beherrschen kann,

ist es zu viel, was ich mir wünsche,

was ich es verlang?

Wen ich liebe, will ich halten.

Mein Ziel?

Alles, was dem entgegensteht,

auszuschalten.

Teddy hat gekämpft, bis die Kraft nicht

mehr reichte,

die körperliche Unversehrtheit weichte.

Ich werde mich nicht mit Fakten

arrangieren,

meinen Shih Tzu-Po bewegen und mich

engagieren.

Die Wissenschaft,

ob sie mich testen lässt?

Gebt mir eine Chance,

ich erledige den Rest!

Brust rausstrecken, aufrechter Stand und Gang als Symbol für Angriff.

Anders, als es klingt, kämpfe ich nicht gegen einen Unbekannten, eher attackiere ich den Stillstand.

Mit letzter Sicherheit und Überzeugung kann ich nicht beurteilen, ob die Forschung am Limit aufhört, weiterzugehen und Sackgassen zu öffnen.

Wodurch entsteht Stau?

Ich will nicht warten, bis sie was finden, dass meinen Freund von seinem Leid befreit, weil ich befürchte, dass es Hunde-Generationen überdauert.

Mich zur Verfügung stellen, Dinge ändern, neue entdecken und Stolz empfinden gleichen einem Glückshormon.

Fraglich, ob ich die Welt bewege, aber ich rege mich dem ungeachtet definitiv, während viele in Lethargie verharren.

Ein Proband im ›Fellgewand‹.

Westie-Ähmm

ABER ...

Wie geahnt prasseln Teddys Gegenargumente förmlich auf mich ein.

Du ängstlicher ›Westie-Hase‹, ich mache keinen Rückzieher, weil du infrage stellst, dass sich mein Vorhaben risikoarm gestaltet.

Deine Zweifel in Ehren, sie sind haltlos.

Aus welchem Grund scheust du Wagnisse?

Du warst es, der zugegeben hat, dass dir entsprechende Testreihen unbekannt sind. Nun willst du mir weismachen, dass Vierbeiner von solchen grundsätzlich ausgeschlossen sind?

Ich lach mich schlapp bei der Begründung, dass es nicht umsonst Testperson heißt.

Teddy, Teddy! ›Test-HUND‹ würde Tierschützer auf den Plan rufen, was nicht heißt, dass ich mich als Vierbeiner nicht qualifiziere.

Dein Kopf ist rein anatomisch größer als meiner, statt ihn mit wertvollem Inhalt zu füllen, gibst du dich massenhaft mit Floskeln zufrieden.

Um die Wissenschaft voranzutreiben, muss ich gewohnte Wege verlassen und

Ausschau halten, an welcher Stelle sich die Richtung ändert, um abzubiegen, wenn es zugleich im ersten Moment undurchsichtig und außergewöhnlich erscheint.

Irgendwie bist auch du gefragt, mir bei einer körperlichen Umwandlung zu helfen, damit ich einer Person optisch mehr ähnele als einem Hund, wenn du auf dein Veto beharrst.

Aufstellen auf die Hinterbeine, mich strecken und aufrecht stehen.

Was, bitte schön, ist daran unmöglich?

In der Abstellkammer finden sich genügend ausrangierte Kostüme, und unser ›Heer der Vormundschaft‹ wird quieken vor Freude, sobald ich mich einmal freiwillig einer Fellrasur unterziehe.

Dein Einwand?

Außer Kraft gesetzt.

Was bewegt dich nun schon wieder?

Ach, sag bloß.

Ich werde kein Vierfüßler mehr sein und automatisch angetrieben, Batterie, Strom oder Akku ersetzen die Fähigkeit, mich eigenständig fortzubewegen?

Mein Bewegungsdrang wird künstlich beschnitten und gegen befohlene Abläufe getauscht?

Woher nimmst du so viel gequirlten Quatsch?

Mittlerweile werde ich das Gefühl nicht los, dass du aus einem bestimmten Beweggrund dramatisierst, wovon du null Ahnung hast.

Warum erforschen sie weltweit Apparate, die fühlen können, wenn sie nicht parallel in Erwägung ziehen, dass diese eigenständig laufen?

Ein bisschen Angst hat mein Buddy mit diesen Äußerungen dennoch geweckt.

Solltest du den richtigen Riecher haben, Teddy, dann rücke ich von meinem Vorhaben trotzdem nicht ab.

Fällt es dir schwer, mir das Herum-lümmeln und Untätig-Sein zu gönnen?

Gewiss statten sie mich mit Rollen aus, was mich in die Lage versetzt, wie beim ›Starlight Express‹ unaufhörlich durch die Forschung zu düsen.

Wow, aufregende Vorstellung.

Glaubte ich zuvor noch, als Proband nur Pflichten zu erfüllen, registriere ich auch Belohnungen.

Neid klingt bei deiner Gegenwehr formvollendet durch, lieber ›Freggle‹.

Wie bitte?

Ich erhalte über die gesamte Testperiode nichts zu essen?

›Gizmo-Jackpot‹!

Abgesehen davon, dass es letztendlich der ausschlaggebende Punkt für eine Anmeldung ist, endlich legal und ohne Gezeter vom Essen entpflichtet zu sein, kann ich mir schlecht vorstellen, dass die Verantwortlichen Essstörungen fördern.

Sie bewegen sich in der Medizin mit unantastbarem Interesse, Probleme zu minimieren, nicht neue zu schaffen.

Auf Leckerlis verzichte ich bewusst für die Dauer der Studie und bitte zu Hause um Aufbewahrung.

Deine Stielaugen will ich sehen, wenn ich mehr als hundert nachträglich ausgehändigt bekomme, während du als Statist zuschaust, wenn ich Marathon-gleich knabbere.

Ein weiterer grandioser Pluspunkt.

Jetzt bist du still, was?

Gerade will ich weggehen, weil viel Planungsarbeit auf mich zukommt, wenn ich nichts dem Zufall überlassen will, bis Teddy wiederum aufmuckt.

Der Gute gibt keine Ruhe.

Startet er seine wie eingeübt wirkende Mitleidstour?

Ich habe es befürchtet.

Sorgen würde er sich um mich machen.

Oh Mann Teddy, dann begleite mich bis zur Labor-Tür, um dich vom Fehlen jeglicher Gefahren zu überzeugen.

Besser noch, melde dich in Verbundenheit zu mir an.

Wir wären weder getrennt noch außer Kontrolle.

Zudem beruhen deine Befürchtungen auf der Basis angsterfüllter Änderungen. Gewohnheitstier oder wie sich das schimpft.

All das fühle ich als ›Robbi-Hund‹ nicht, wenn ich den Reportagen glaube und den Worten vertraue.

Endlich ist er mundtot, nichtsdestotrotz weit entfernt, sich für eine derartige Studie nur annähernd in der Form zu begeistern wie ich.

Bravo, du ›Schisser‹, geh nur.

Sich zu mir umdrehend schüttelt er den Kopf!

Jucken die Ohren?

Mir lediglich die Krallen.

Solange ich mich noch ›unter den Lebenden‹ befinde, lege ich größten Wert auf meinen Schönheitsschlaf.

Folge mir ins Bett, wenn du es in den nächsten Stunden hinbekommst, dich in den Griff zu kriegen.

**Ein ABER ist schwer erträglich,
beinhaltet es, dass nicht mit absoluter
Überzeugung zu etwas oder jemandem
JA gesagt wird.
Ein Weg – mit ABER gepflastert –
verspricht, dass man ausgebremst wird,
ob extern oder innerpsychisch.
Warum schränkt man ein und
beschneidet Mut zum Aufbruch?**

Gern würde ich Teddy schütteln, nicht seine Pfötchen, sondern den Kopf durchwirbeln, um die letzten Zweifel an meinen Ideen zu zerstreuen.

Recherche

Ich zähle mich unter anderen Bedingungen nicht zu den ›TV-Junkies‹, doch in Anbetracht meiner Wissenslücken verschlinge ich zurzeit jede noch so unbedeutend wirkende Information. Haben diese auch keinen direkten Bezug zu meinem Vorhaben, münze ich sie um und analysiere Vorteile.

Bis heute verfüge ich über keinen eigenen YouTube-Channel, darf mich nicht bei Facebook mit anderen verbinden und sehe Instagram und Twitter als Brief mit sieben Siegeln. Abgesehen davon, dass mir ohnehin lediglich Dinge erlaubt werden, die für einen Hund angemessen erscheinen. Unbegreiflich für einen Shih Tzu, wer solche Maßstäbe setzt.

Wurde einer meiner Artgenossen je nach seinen Bedürfnissen interviewt, um sie zu hinterfragen und gegebenenfalls anzupassen?

Wie dem auch sein, recherchieren über das Internet fällt weg und mir bleibt einzig dieses Rechteck in der Wandhalterung.

Bedauerlich, dass meine Familie den Fokus nicht auf Sendungen richtet, die gerade mir jetzt wichtig wären.

Informationen zu Gesundheit, Forschung und integrierter technischer Entwicklung sind notwendig, um mir detailliert ein Bild machen zu können.

Explizit verfolge ich täglich aufmerksam die Nachrichten.

Ein Amokläufer.

In ›Roboter-Haut‹ gesteckt hätten sie ihn stoppen und somit verhindern können, dass was Schreckliches passiert.

Seine Gedanken rechtzeitig auslesen hätte beigetragen zur Vermeidung dieses Übels.

Unheimlich fände ich es nicht, sollte Entsprechendes in naher Zukunft möglich sein; selbst wenn es mich betrifft.

Ich habe nichts zu verbergen, meine sind koscher und weit entfernt von negativen Absichten.

Hey, Forscher, macht euch ran an elektronische Steueranlagen, die destruktive Gedanken abschalten und sie beim Erkennen generell ersetzen.

Meine Frauchen sind megaabgebrüht, dass sie am Rumzappen mehr Interesse zeigen als an dem Thema von ›Psychos‹, die Befriedigung finden im Zerstören und Niedermetzeln.

Na gut, Sender-Wechsel.

Die Pandemie.

Infiziert ein kleines Virus das Material, aus dem die ›Robbis‹ gefertigt sind?

Prallt es ab oder setzt es sich fest?

Die ›AHA-Regel‹ ist vorprogrammiert und perfekt einzuhalten.

Abstand gewährleisten durch entsprechende Steuerung.

Hygiene?

Im Labor arbeiten Menschen aus Fleisch und Blut, die in der Lage sind zu putzen und Sämtliches klinisch rein zu halten.

Alltag mit Mund-Nasen-Schutz?

Ich erkläre mich bereit, als ›Shih-Maschine‹ einen zu tragen.

Als Hund bekomme ich eh keinen.

Endlich dazugehören erlebe ich als unsagbar spannend.

Sport-Berichterstattung, aber nun muss ich meine ›Mamas‹ in Schutz nehmen. Sie haben nicht umgeschaltet, hier entsteht ein Wirrwarr aus Mitteilungen.

Körperliche Aktivitäten.

Viel Auswahl auf vier Pfoten wird mir nicht geboten.

Fußball beherrsche ich, wenn damit gemeint ist, dass ich den Ball zurückhole, der von so einem ›Hirnfreien‹ weggeschossen wird.

Versteh mich bitte nicht falsch!

Sehr wohl kenne ich den Wert dieser Sportart und es spricht nichts dagegen, dass auf diese Art eine Masse an Menschen unterhalten wird.

Doch muss man Gleiches von einem Hund erwarten?

Ich überlasse das runde Ding anderen, was nicht heißt, dass ich kein Talent besitze.

Ungeachtet dessen liegt es mir, andere zu irritieren.

Wäre ein Pluspunkt auf dem Weg zum Profi.

Darüber hinaus bin ich an ›Formel eins‹ und Tennis interessiert.

Ob sie es in einem Forschungszentrum bewerkstelligen, mich derart zu schalten, dass ich ein Racket in der Vorderpfote halte, während ein anderer ›Rob‹ – identisch ausgestattet – einen Ball in meinem Feld platziert?

Ein As würde meinem Mitstreiter nicht gelingen, keine Software der Welt schafft es, mich auszutricksen.

Aber eine zum Steuern von Netzfehlern auf der Gegenseite könnte mir gefallen.

Einen Boliden zu lenken wäre das absolute Highlight.

Er ist nicht anders beschaffen als eine Apparatur oder?

Komme ich in den Genuss, lehne ich Geschwindigkeitsbegrenzung strikt ab.

Bei einem etwaigen Unfall kann getestet werden, wie stabil mein ›künstliches Fell‹ ist.

Beschädigungen bieten eine Grundlage für neue Studien, die sich an die Verbesserung von Airbags herantasten.

Wetter!

Gähn!

Sie warnen vor starker Hitze am nächsten Tag.

Bekommen ›Robbis‹ einen Sonnenbrand?

Hecheln sie, wenn sie Wärme regulieren müssen?

Der Unterschied zwischen Tag und Nacht – spielt er eine Rolle?

Oder der Wechsel der Jahreszeiten?

Die Nachrichten sind vorbei, während meine Träume erst jetzt richtig Fahrt aufnehmen.

Im Grunde interessiert mich nach wie vor am meisten das spezifische Fachgebiet Medizin.

Gewähren sie mir ein Teil der Laborbesatzung zu werden, plane ich Pausen ein, weil ich mich außerstande sehe, durchweg zu testen und zu forschen.

Man muss im gleichen Sinne chillen.

Entscheidet Teddy sich gegen eine Teilnahme, werde ich zum ›Schleuser‹, damit er mir die Ruhephasen mit ein wenig Blödsinn versüßt.

Ich gehöre keiner organisierten ›Schlepper-Bande‹ an, vielmehr gefällt mir das Wort.

Schleuser? Lasse ich das ›R‹ weg, bedeutet es nicht mehr, als dass ich es in meinen Pfötchen habe, Teddy zu mir durchzulassen.

Abzustumpfen hieße mir kein ›bisschen lebendigen Hund‹ zu erhalten.

Glatte Oberfläche

... oder Fell?

Teddy lacht mich permanent aus, was mich nicht nur maßlos ärgert, sondern mir verdeutlicht, wie wenig bereit er ist, etwas zu bewegen.

Dass er sich nicht als Loser vorkommt!

Unverständlich, was für ein geringes Selbstvertrauen in ihm steckt, das ihm verunmöglicht, über sich hinauszuwachsen.

Seine Erklärung bringt wiederum mich zum Lachen.

Angeblich kann nicht auch er noch für die Dauer einer Studie unsere Frauchen alleine lassen.

Oh, was für ein selbstloser Held!

Sicher, ihm ist stets daran gelegen, anderen gutzutun und eigene Bedürfnisse hintenanzustellen.

Doch wenn er glaubt, der ›Freggle‹, dass er nicht seinen Teil beitragen und mich unterstützen muss, dann widerlegt er, dass Hunde klug seien.

Ohne ihn schaffe ich es nicht!

Bitte geh in dich, möchte ich ihm sagen, durchforste dein ›Westie-Hirn‹ nach uneigennützigem Wohlwollen.

Für mich schließe ich die Option aus, dass ich von meinem Traum abrücke oder diesen gar aufgebe.

Komm, ›Scheißer‹, wir müssen reden!

Draußen im Garten wird mir bewusst, dass ihn überfordert, was ich von ihm verlange. Bei jeder noch so kleinen Bitte lässt er den Kopf hängen und Blickkontakt zu halten fällt ihm schwer.

Gleichzeitig spüre ich, in welchem Maße er sich verantwortlich fühlt. Für mich und viele andere, aber viel zu wenig für sich.

Es dürfe mir nichts passieren, lese ich in jedem seiner Blicke, sobald er seinen Kopf hebt.

Teddy?

Ich weiß, ich sollte das Thema angesichts deiner Stimmung schleunigst wechseln, doch brodelt in mir unstillbar die Neugier.

Glaubst du, dass alle ›Robbis‹ identisch aussehen?

Bestehe ich im Fall, dass ich meinen Dickkopf durchsetze, aus einer glitschig-glatten Oberfläche oder ziert mich unverändert mein besonderes Shih Tzu-Fell?

Wenn ich darauf verzichten müsste, stehen wir vor einem unlösbaren Problem.

Wie erkennst du mich, wenn ich ohne deine Hilfe nicht zurechtkomme und dein Beistand meine einzige Rettung sein wird?

Ich habe keine Ahnung, was übrig bleibt von mir, das dich erinnert, wer sich hinter der Maschine verbirgt.

Nicht, dass sich jemand von den Mit-Probanden an dich ›heranzeckt‹, der dir schadet, bevor du den Irrtum entdeckst.

Mittlerweile hege ich erste ernste Zweifel an meinen Plänen.

Bin ich dem Wahnsinn gewachsen?

Was macht es mit oder aus mir?

Am Ende gelingt es den Verantwortlichen nicht, mich zurückzuholen, und ich verharre in mechanischen Bewegungen mit einer Optik, vor der sich alle gruseln.

In so einem Fall hätte ich mich nicht von meiner Familie verabschiedet.

Beängstigend und unentschuldbar.

Sie vorab in meine Pläne und Wünsche einzubeziehen empfinde ich als destruktiv, weil sie alles dransetzen würden, mich fernzuhalten von Forschungsstätten.

Im Vorfeld, das merke ich gerade, muss ich mir eine ›To-do-Liste‹ überlegen und feilen an meinen Vorstellungen und dem, was ich bereit bin, mit mir machen zu lassen und ab wann ich ein Stoppschild mit meinen Pfötchen hochhalte.

Teddy hat inzwischen meinen Radius verlassen.

Unter anderen Umständen bin ich nicht so gedankenverhangen, dass mir entgeht, wenn er sich entfernt.

Morgen unternehme ich einen letzten Versuch, meinen Buddy zu animieren, damit er mich trotz aller Befürchtungen begleitet.

Flehen liegt mir verdammt gut.

Mitleidstouren beherrscht nicht nur er!

Unsere ›Mamas‹ haben zig Notizbücher herumliegen und können auf eines verzichten.

Ich schnappe es mir und kratze eine ›Pro- und Kontra-Spalte‹ auf die erste Seite.

Wäre Teddy hier, würde er unzweifelhaft mit der Pranke ein großes Kontra kreieren, während ich zeitgleich mit zwei bis drei Pro-Gegenargumenten darauf reagieren könnte – aus voller Überzeugung.

Er wird nicht umhinkommen festzustellen, dass wir in der Lage sind, Großes für die Forschung zu erreichen, war er es, den viele Schicksalsschläge erschütterten, bis sein Körper in der Folge streikte.

Selbst wenn er neue Hoffnung schöpfte, – nicht zuletzt durch mich, – haben die Symptome Bestand.

Erleiden wir als ›Dog-Robbis‹ keine psychischen Nackenschläge, bleibt unsere Hülle unversehrt.

Wenn das nicht überzeugt.

Klingt simpel und fordert auf zum Herausfinden, wie erstrebenswert das erdachte Phänomen ist.

Langsam gehe ich zurück ins Haus, lege mich müde in mein Körbchen und blicke zu Teddy.

Ich bleibe dabei, selbst wenn dein bittender Blick mich rührt.

Ich mache das vorrangig nicht für mich.

Schlaf schön!

Ich liebe dich dafür, dass du mich seit Jahren uneingeschränkt begleitest. Nie war es eine Frage der Umstände, eisern standest du jederzeit hinter und vor mir.

Dies wirst du jetzt nicht ändern.

Beginn

Wach werdend spüre ich eine quälende Bewegungslosigkeit.

Was ist innerhalb eines kurzen Augenblickes geschehen?

Um mich herum sehe ich zahlreiche Roboter, die blinken und komische Geräusche von sich geben.

Kannte ich Reizüberflutung bis dato nicht, hält sie mich nun fest im Griff.

Vom herkömmlichen Sprechen und einer vertrauen Verständigung sind diese monströsen Dinger meilenweit entfernt.

Eher handelt es sich um einen Mix aus piepsiger und brummender Kommunikation via Steuerbord.

Ich traue mich nicht an mir herunterzuschauen, auch wenn mich brennend interessiert und ich gern erfahren würde, ob ich genauso quadratisch aussehe.

Mein Kopf wirkt steif und fühlt sich anders an als sonst.

Nach links und rechts gucken gelingt in Zeitlupen-Tempo, mehr ist mir momentan in dieser fremdartigen Situation nicht möglich.

Das Agieren einer Testperson gestaltet sich paradox. Ich erinnere mich nicht, dass die Rede davon war, dass ich gelähmt sein würde.

Wieso bringt mich der Wille nach Ausbruch aus gefühlter Langeweile ständig in prekäre Situationen?

Teddy sehe ich nirgends!

Das macht mir die größte Angst.

Er, der mir Sicherheit und Schutz vermittelt, wenn etwas auf mich einströmt, dass mich schier überfordert.

Wenn mir in dieser neuartigen Situation danach zumute ist zu weinen, drücke ich dann selbstständig einen Knopf, der Tränen zulässt?

Erleichtert mich das Herauslassen von gefühlter Traurigkeit in gleicher Form wie zuvor?

Wirkt es befreiend oder merkt man den Automatismus überhaupt nicht?

Was tue ich jetzt?

Muss ich ausharren, bis die zwei Studienbegleiter, die hinten an ihren Schreibtischen sitzen, sich bequemen, uns Leben einzuhauchen? Ich wünsche mir alte Werte zurück, doch sich lebendig zu fühlen ist vertraglich auf Eis gelegt.

Haben sie es – also auch mich – in der Hand?

Sie gucken nicht mal in unsere Richtung!

Schreien möchte ich, damit sie auf mich aufmerksam werden und meinen Leidensdruck registrieren, besser noch, mich von ihm befreien.

Ein Laut ertönt nicht.

Ich versuche zu bellen.

Mein ›Wuff‹ bleibt mir im Hals stecken.

Hey, ihr ‹Studien-Fuzzis›, ihr habt die Verantwortung für mich übernommen. Schaut verdammt noch mal her!

Ich ergreife sonst die Initiative und wachse über mich hinaus, indem ich mich auf Bewegung meiner Extremitäten fixiere. Meinen Willen kriege ich wirklich immer durch!

Dann bin ich weg!

Ein Verlust, den ihr kaum ausgleichen und verkraften könnt.

Vermutlich habt ihr über uns Shih Tzu gelesen, dass wir Familienhunde und lieb seien. Ich kann zum Kampfhund werden!

Weiter Stillstand bei mir, während ein ›Robbi‹ neben mir sich in Bewegung setzt.

Nicht laut, vergleichsweise dumpf, begleitet von einem leichten Surren.

Urig, wie er sich regt.

Sein Laufen gleicht einem Fahren, bis er in der Mitte des großen Raumes zum Stehen kommt.

Nein, sagt bloß!

Endlich erhebt sich einer der Männer und programmiert Undefinierbares auf Brusthöhe des ersten Probanden.

Klick!

Klack!

Piep!

Mit mir macht ihr das nicht, weil ICH bestimme, zu welchem Zeitpunkt ich was für sinnvoll erachte.

Der ›Robbi‹ surrt vorwärts, bis seine Greifhand nach einem Tablett schnappt.

Gekonnt sieht es aus und leicht nachzueifern.

Auf der gegenüberliegenden Seite steuert er auf einen Tisch zu und stellt das Service ab.

Wow, völlig ohne Unfall!

Sein Kopf ändert urplötzlich die Farbe in eine Art Gesichtsröte.

Erscheinen hier gerade künstlich erzeugte Emotionen?

Fühlt ›Robbi‹ das tatsächlich oder begreift er nicht, was andere mit ihm machen?

Die Aufsicht notiert fleißig dieses Szenario.

Auf dem Bildschirm erscheinen innerhalb kürzester Zeit ganze Textblöcke, die mir beweisen, dass wir mitten drin sind im Forschungsprojekt.

Im Grunde sollte bei mir Freude überwiegen, wäre das Geschehen nicht befremdend.

Das versteht die Gesellschaft unter Fortschritt?

Gehört habe ich davon, dass ›Robbis‹ an bestimmten Arbeitsplätzen zum Einsatz kommen.

Wie verhält es sich, wenn sie in Restaurants bedienen?

Trinkgeld fällt weg.

Was, wenn das bestellte Essen Anlass zur Beschwerde bietet?

Wie gestaltet sich eine Diskussion mit einem Apparat?

Steigt dem ›Rob‹ Zornesröte ins Gesicht?

Boxt und schlägt er oder tritt er aus?

Streiten ist in meinen Augen unmöglich, vermutlich in naher Zukunft auch gar nicht mehr gewollt.

Ungewiss, ob der Beschwerdeführer einen Knopf drückt für ›neues Essen‹ in der Hoffnung, dass anschließend eine Lieferung erfolgt, die frei von Mängeln ist.

Dann allerdings könnten andere Gäste, die gespeist haben, auf dem Weg eine zweite Portion einheimsen, ohne erneut dafür zu zahlen.

Mir ist das zu hoch.

Teddy?

Ich brauche dich!

Jetzt sofort!

Startschuss – Hundekrawall

Ein Mann kommt direkt auf mich zu.

Oh je, hoffentlich programmiert er mich nicht für den Einsatz in einem Tierheim.

Fraglich, ob ich mehr darunter leiden würde, heimatlose Hunde zu füttern, deren Gucker nach einem Zuhause schreien, oder unter Neid, dass sie sich zumindest frei bewegen können.

Als ich angefasst werde, merke ich diese Berührung, die für meine Augen sichtbar ist, in keinerlei Weise.

Was haben sie aus mir gemacht?

Ich denke, als ›Robo Mo‹ darf und soll ich fühlen?

Hoffentlich programmiert er mich auf einen Shih Tzu, der Emotionen zulässt, die mir bekannt vorkommen und ohne die zu leben ich nicht bereit bin.

Rot zu werden scheidet aus, das war mir vorher bereits fremd.

Was mir unbeschreiblich fehlt, ist mein immenser Spieltrieb.

In meinem ›normalen Leben‹ tränen mir permanent die Augen, ein Problem, unter dem viele Artgenossen von mir leiden.

Ich fahre in solchen Fällen mit einer Pfote über mein Gesicht, um Juckreiz zu unterbinden und klar gucken zu können.

Gerade spüre ich weder Tränenfluss noch ein Kribbeln um die Augen, was mich erkennen lässt, dass ›Robbis‹ tatsächlich nicht die gleichen Empfindungen besitzen.

Auch wenn ich das herauszufinden als Priorität erklärt habe, sehne ich mich plötzlich nach altbekannten Beschwerden – nicht auserwählten, wirklich allen!

Ein Knopf wird gedrückt und ich setze mich in Bewegung.

Nicht dahin, wofür ich mich entschieden hätte.

Ich kann die Richtung weder bestimmen noch ändern.

Vor einem Spiegel endet meine erste ›Rob‹-Fahrt und ich bin entsetzt, als ich erstmals sehe, was aus mir geworden ist.

Mein Kopf ähnelt dem eines typischen Shih Tzu, der Ausdruck meines Gesichtes allerdings wirkt maskenhaft.

Meine Vorderpfötchen sind zu Greif-armen geworden.

Was fällt dem Entwickeln außerdem zum Opfer?

Die hinteren sind nichts anderes als Plattfüße, wenn ich sie so bezeichnen darf, ohne ein medizinisches Tabu zu brechen.

Handicaps sind vielen bekannt und es liegt mir fern, mich darüber lustig zu machen.

Wie nur aber kann man ohne Unfall oder Erkrankungen jemanden so hinrichten?

Körperlich erinnere ich an einen Kühlschrank oder Herd.

Shit Happens, auf was habe ich mich eingelassen?

Wie bin ich hierhergekommen?

Gestern schlief ich noch zu Hause.

Meine Familie sorgt sich um mich, wenn ich fort bin, das ist das EINZIGE, worauf ich mich immer verlassen kann.

Warum hat Teddy mich nicht abgehalten, als ich ihm auf die Nerven ging, mich wieder einmal als ›Retter der Nation‹ aufzuspielen?

Seine und meine Angst vor Versuchslaboren war nicht ganz unbegründet.

Ungern male ich mir aus, was sie alles mit mir in der nächsten Zeit machen.

Entgegen meiner Befürchtung liegt den Männern nicht wirklich etwas daran, mich schlecht zu behandeln oder mich weiter zu plagen.

Erneut drücken sie einen Knopf.

Fahre ich nach draußen?

Diese Räume zu verlassen schwebt mir als Highlight vor.

Warum verspüre ich keinen Druck auf der Blase?

Ich markiere draußen gern, das hat so was Männliches.

Oft habe ich mich gefragt, warum es nur Vierbeinern wichtig ist und nicht die Männer auf zwei Beinen mitziehen.

Zum Ausgang bringen mich meine breitgedrückten Füße nicht, denn ich lande in einem Nebenraum.

Was ist hier los?

Ein simuliertes Einfamilienhaus.

Jeder, der eines besitzt, kennt die im Überfluss anfallenden Arbeiten.

Kaum bin ich via Schaltplan programmiert, muss ich Staub saugen und putzen.

Wenn meine ›Mamas‹ mich sehen würden, wäre mir das peinlich.

Das ist Frauenarbeit!

Erstmals bin ich dankbar, dass Teddy nicht hier ist, denn er würde sich kringelig lachen über die Figur, die ich abgebe.

Zu Hause sind die Tätigkeiten, die auf mich warten, ausnahmslos geregelt.

Beschwerden, dass eine meiner ›Mamas‹ den Staubsauger schwingen muss, während die andere den Rasenmäher bewegt, hat es zu keinem Zeitpunkt gegeben.

Eher vermittelte mir das fortwährend ein Gefühl, dass die beiden das brauchten für ihr inneres Gleichgewicht.

Kein Grund, etwas daran zu ändern.

Pool reinigen?

Jetzt reicht es mir.

Wir haben daheim keinen und wenn mir die Welt jetzt heuchelnd sagen will, dass jeder zweite Haushalt über einen verfügt, lache ich mich so schlapp, dass kein einziges Bauteil mehr funktioniert.

Wünschenswert, dass ›Robbis‹ die Fähigkeit erlangen zu streiten und sich zu wehren, wie Menschen das x-fach handhaben.

Zwischenmenschliche Substanz, aus der die besten Soaps zusammengebastelt werden.

Nach getaner Arbeit fahre ich zurück in die ›Rob-Burg‹.

Gott behüte, dass die anderen inzwischen Auslachen beherrschen.

Sensenmann

Zu Hause huscht seit einiger Zeit ein ›Robbi‹ durch den Garten.

Anfangs irritiert habe ich mich inzwischen an ihn gewöhnt.

Du glaubst nicht, wie leise er ›Gras knabbert‹.

Seine Akzeptanz, dass das Begrenzungskabel weit um Palme, Banane und

Mammutblatt gelegt wurde, ist beispiellos, zumindest habe ich kein Aufbegehren registriert.

Früher hat man Kühe oder Schafe eingesetzt, die Mähen nicht überflüssig machten, aber teilweise erleichternd zur Hand gingen.

Ein ›GARDIVA‹ oder wie alle ihn bezeichnen, ist witzig.

Auf Rollen – ähnlich wie hier im Forschungszentrum – bewältigt er sämtliche Anforderungen, die an ihn gerichtet werden.

Als er mir noch nicht vertraut war, bin ich ausgewichen und habe ihm meinen bösesten Blick zugeworfen, wohl merkend, wie wenig es ihn tangierte.

Oft fragte ich mich, was er fühlt und bekomme hier meine Antwort.

Nichts!

Er funktioniert lediglich und führt aus, was meine ›Mamas‹ von ihm verlangen.

Selbst zu entscheiden, wo er lang fährt, zu welchem Zeitpunkt er arbeitet und ob er sich krankmeldet – alles Dinge, um die er betrogen wird, vom Werk voreingestellt.

Er tut mir leid.

Traurig macht ihn sein Leben unzweifelhaft nicht, weil er nicht fühlt, oder?

Ich steige immer noch nicht durch!

Technik, unabhängig davon, ob sie begeistert, verwirrt und erzeugt Fassungslosigkeit bei einem Hund.

Früher haben Gärtner oder Grundstücks-
besitzer anfallende Aufgaben übernehmen
müssen, losgelöst vom Kontext, ob jeder
daraus für sich eine Leidenschaft machen
konnte.

Ich bezeichne ihn nicht grundlos als
Sensenmann.

Durch Leitkabel geführt sehe ich in ihm
ein ›bisschen Tod‹.

Ihn kümmert nichts, er mich auch nicht
mehr.

Rollt er auf mich zu, verschwinde ich und
werfe ihm mitleidige Blicke zu.

Würde er leben, befänden wir uns im
Dauerclinch, schließlich war ich es, der
zuerst dieses Haus inklusiv Garten
besetzte.

Wie oft bereue ich in der Rückschau, dass Teddy und ich zu wenig Gras gegessen haben.

Wir sind lebende Alleskönner und hätten die Anschaffung von ›Siggi‹ verhindern können.

Du liest richtig. So heißt er und ich feixe mir einen.

Ein Gerät mit Namen, als würde durch ihn Rotes statt Strom fließen.

Menschen benennen selbst ihre Autos. Verdammt, warum gibt keiner zu, wonach er sich konkret sehnt?

Jeder wünscht sich eine Seele für den ›Rob‹, der ihm wichtig ist.

Es zeigt, dass noch nicht alles zu spät und das Abstumpfen aufhaltbar ist.

Gut, Fortschritt passiert, doch wenn alle sich zusammenschließen und ihn ignorieren, würde sich das eigene Wegrationalisieren entschleunigen.

Kutschfahrten statt noch schnellerer Autos, Sicheln statt Mähmaschinen, Gespräche statt Handys – so soll das Leben gewesen sein. Mir gefällt der Gedanke.

Dass es in dieser Zeit weniger seelische Erkrankungen gab, liegt auf der Pfote.

Das Leben war schier ehrlicher.

Nun stehe ich hier – umgeben von Kälte – und denke an ›Siggi‹.

Bislang galt meine Mission dem Ermitteln psychosomatischer Erkrankungen bei den ›Robbis‹ wegen Teddy, nun weite ich sie aus auf das Eruieren etwaiger Gefühle vom Sensenmann.

Tierische Sorgen macht mir diese Kälte zwischen den ›Mit-Robs‹ und mir.

Die Hoffnung allerdings ist noch nicht erschöpft, dass diese Momentaufnahmen von mir fehlinterpretiert werden.

Ich rede mir ein, dass sich hier ›Robs‹ verlieben und ich nur unempfänglich dafür bin, weil ich meine Lebensliebe Teddy längst gefunden habe.

Ein schöner Gedanke, dass ›Siggi‹ eventuell Gefallen findet an dem Mammutblatt, dem Bananenbaum oder der Palme und auf diesem Weg seiner von mir vermuteten Einsamkeit entflieht.

Schlaflos

Schlafen im Stehen?

Der Wahnsinn kennt keine Grenzen.

Wusste ich mein Körbchen je zu schätzen? Falls nicht, rächt es sich in diesem Moment.

Eigentlich müssten mir nach der Mordsarbeit die Augen zufallen und die Füße und Arme wehtun. Auf diese Weise hat sich regelhaft Überlastung mitgeteilt.

Ich spüre nichts.

Das ist gewollt?

Bleibe ich wochenlang wach?

Wie schätze ich ohne Schlaf all das, was der Tag bewirkt hat, mich auszupowern, wie kann ich die Nacht als wohltuend und kraftspendend empfinden?

Fühle ich überhaupt noch?

Die Erinnerung setzt ein und führt mir die Beweggründe meiner Mission, an dieser Studie teilzunehmen, erneut vor Augen.

Wie finde ich im Stillstand heraus, ob ein ›Robbi‹ psychische Probleme ausagiert oder solche, die seine Umhüllung schwächen?

Zahlreiche Menschen haben das Zusammenspiel von Körper und Seele nicht nur erkannt, sondern auch etliche Behandlungsmethoden konzipiert, ein entstandenes Ungleichgewicht zu beherrschen.

Entfallen diese Praktiken, wenn die Geräte Menschliches ersetzen?

Was ist mit der Agentur für Arbeit?

Habe ich es zutreffend in Erinnerung, dass dort Arbeitslose betreut werden?

Sind ›Robbis‹ einmal untätig, also ohne Job, können sie locker abgeschaltet und in die Ecke gestellt werden; sie kosten kein Geld und benötigen weder ein Amt, das sie registriert und verwaltet noch menschliche Hilfen.

Zurück zur psychosomatischen Medizin.

Einzig Teddy könnte Antworten geben, da ich unter entsprechenden Symptomen zu keinem Zeitpunkt gelitten habe.

Er wäre der bessere Proband und ich bereue, dass er nicht bei mir ist.

Komplett gefühllos bin ich scheinbar nicht und der einzige ›Rob‹ hier, der noch seinen Kopf auf den Schultern trägt, während alle anderen identisch aussehen.

Werden Friseure überflüssig?

Was ist mit Zahnärzten, Kosmetikern, Hals-Nasen-Ohren-Ärzten, um beim Schädel zu bleiben?

Haben sie versäumt, mich vollkommen umzufunktionieren oder trauen sie sich an die gefährlichen Beißerchen eines Kampf-hund-ähnlichen Shih Tzu nicht heran?

Ich zumindest fühle noch!

Sehnsucht nach meinem Buddy und dem unbeschwerten Leben in Obhut.

Nicht zu schlafen missfällt mir.

Ein Überschuss an Gedanken quält meine Seele, unbeherrschbar und überfordernd.

Stundenlang stehen wir auf derselben Stelle und die zwei Herren da hinten starten tatsächlich in den Feierabend.

Ein Zauberstab ist momentan der größte meiner Wünsche.

Unverzüglich würden die beiden zu ›Robbis‹ verwandelt und müssten so lange in unserer Mitte ausharren, bis sich wiederum andere erbarmen, uns zu bewegen.

Nicht minder hätten sie am Ende viel mehr zu notieren, wenn sie an der Basis gleiche Erfahrungen sammeln, ähnlich wie bei ›Undercover Boss‹!

Gedanklich mit dieser genialen Idee befasst, sehe ich aus dem Augenwinkel, wie die beiden sich abschlagen, das Licht ausknipsen und zu ihren Familien aufbrechen.

Ein Schläfchen machen würde mich aus dieser erdrückenden Situation befreien.

Meine Augen zukneifen funktioniert nicht.

Dann sollen sie ›Robbis‹ in Zukunft in Gefängnissen unterbringen, da sie weder Essen und Trinken noch TV benötigen.

Betten fallen weg und wenn sie ohnehin still vor sich hinstehen, passen auch mehrere in eine Zelle!

Enorm platzsparend.

Allerdings, wie sollen sie zuvor verurteilt werden?

Straftaten scheiden offiziell aus, scheitern bereits daran, dass alles voreingestellt wird.

Es sei denn, Menschen mit fatal kriminellem Potenzial lassen Überfälle oder Raubmorde durch ›Robbis‹ ausführen.

Sollten ihre Handlanger weggesperrt werden, besorgen sie sich neue Hilfsarbeiter.

Ist die Robotertechnik wirklich eine so grandiose Idee?

Plötzlich niese ich.

Wow!

Ein geläufiges Geräusch erzeugend löse ich damit unvermittelt einen Knopf bei mir aus, was mich in die Lage versetzt, meinen Kopf zu bewegen und das in alle

Richtungen, verbunden mit qualvollen Nackenschmerzen.

Es bleibt nicht das einzige Gefühl.

Die ersten Tränen laufen mein Gesicht hinunter, die mich kitzeln.

Verdammt, Kratzen zur Juckentlastung gelingt mir nicht, worüber ich mich nicht ärgern will, weil sich bei mir Müdigkeit einstellt.

Zu keinem Zeitpunkt habe ich schwere Augen mehr genießen können.

Endlich schlafen, um die Geschehnisse vom heutigen Tag zu vergessen.

Teddy

Beim ersten Augenaufschlag erblicke ich Teddy zwischen Labortischen.

Beruhigend, dass wenigstens er aussieht wie immer.

Ich fiepe als Signal, dass ich ihn entdeckt habe, woraufhin er freudig auf mich zulaufen will.

Rumms!

Heruntergerissene Reagenzgläser purzeln quer durch den Raum.

Mach dir keine Sorgen ›süßer Tollpatsch‹, die ›Robbis‹ schlafen ohnehin nie und erschrecken bei keinen Geräuschen.

Sie sind herzzerreißend dauerwach und einfach tot.

Plötzlich Stimmen.

»Was sucht der Hund hier?«

Der Mann, der diese Frage an einen Kollegen richtet, ist mir unbekannt. Scheinbar arbeiten diverse Leute am Ausrotten der Möglichkeit, sich die Hörner abzustoßen.

Könnte ich den Kopf schütteln, wäre es so ein Fall. Die übernehmen auf Kante genähte Aufgaben und wechseln sich dabei lachhaft ab?

Lauf Teddy, schnell, denke ich noch, als ich seine Rute unter einer Sitzbank verschwinden sehe.

Der Kollege guckt irritiert, weil er niemanden erblickt, zuckt mit den Schultern und setzt sich wieder.

Ja, danke, dass man mich nicht mal mehr als Hund erkennt.

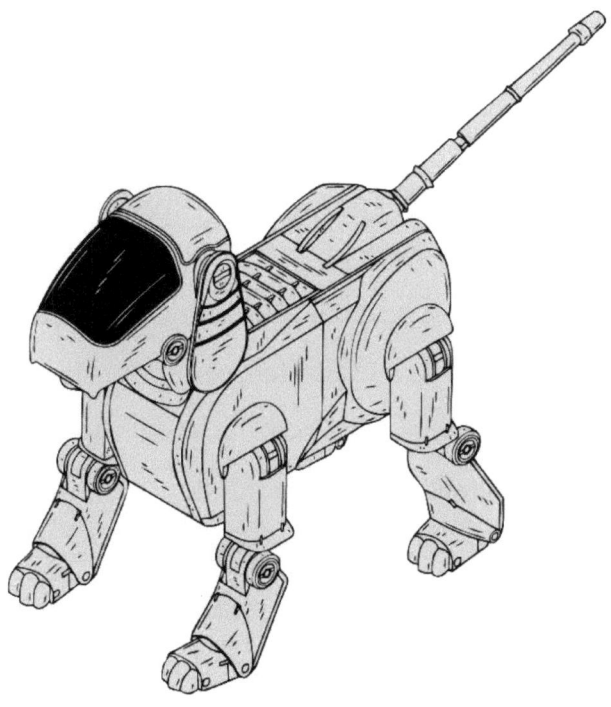

Mir spielt in die Karten, dass die zwei scheinbar zu den nicht ganz so eifrigen Arbeitnehmern zählen.

Worte fallen wie Frühstück und kleine Spazierrunde zum Bäcker, unterbrochen von Gähnen am laufenden Band.

Als sie endlich verschwinden, luschert Teddy mit einem Auge und seiner Stupsnase hervor und entdeckt die risikofreie Zone.

Doch wenn er mich mitnimmt, werde ich nie wieder so beschaffen sein wie zuvor. Ich liebe meinen Körper.

Unvorstellbar, diesen Kasten um mich herum für alle Zeiten zu tragen.

Nein, Teddy, ich habe mir das eingebrockt und beiße mich durch.

Sieh zu, dass du dich in Sicherheit bringst, bevor du so ausschaust wie ich.

Irre ich oder guckt er mich mitleidig an? Ich bin mir dessen bewusst, was ich mit meiner Mission losgetreten habe.

Vertrauen besaß ich im Vorfeld lückenlos, dass solche Studien seriös seien, weil sie aufrichtig propagiert werden oder bin ich auf einen Medienskandal hereingefallen?

Niemals!

Zum alten Körpermaß finde ich zurück, sobald ich meine Pflicht erfüllt habe.

Teddy unternimmt keine Anstalten zu gehen, im Gegenteil kommt er auf mich zu und stößt sich mit einem Knall den Kopf an meinem Unterbau.

Autsch!

Mach die Augen auf ›Räuber‹, dann siehst du, dass mein Fell ersetzt wurde.

Mit den Pfoten zieht er sich hoch und ich spüre erneut nicht das mindeste.

Keine Berührung, nicht eine einzige seiner Krallen, die bei ihm mitunter fies sind, weil der ›Schisser‹ Angst vorm Kürzen hat.

Mittlerweile löst mein Zustand Beklemmungen aus.

Gefühllos wollte ich nie werden.

Was nun?

Scheinbar hat mein Buddy einen Knopf ausgelöst und mich unbewusst programmiert, was zumindest die Tonfolge erahnen lässt.

Piep, tut-tut.

Rollend schiebt sich mein ›Kompaktum‹ zur Tür.

Stimmen!

Flink verschwindet Teddy unter dem Mobiliar.

»Hey, was macht der ›Shih-Ro‹ hier vorn? Der ist nicht an der Reihe!«

Ahnungslos wirkend zuckt der Gefragte mit den Schultern.

»Ändern wir den Plan«, seine glorreiche Idee.

Nicht dass ich die nächste Testposition befürchte, aber ich will bei meinem Freund bleiben.

›Krabumms‹!

Sitzbank umgefallen, Utensilien rollen quer durch den Raum.

Diesmal absichtsvoll und mit simpler Erklärung.

Teddy beherrscht Ablenkungsmanöver.

Mit Erfolg.

Mich links liegenlassend kümmern sich die Laboranten um den Scherbenhaufen und schnaufen vor Wut über den verkrachten Tag, der ihnen wenigstens sinnvolle Bewegung verschafft.

Der Verursacher ist über alle Berge und ich probe das Aufatmen.

Als sie sich wieder ihrer regulären Arbeit widmen, haben sie eine etwaige Planänderung vergessen.

Ausgewählt wird ein ›Robbi‹ ganz vorn, der schleunigst gestartet und zu einem Einsatzort fernab von hier gefahren wird.

Schade, dass ich nicht beobachten kann, wofür er eingesetzt wird, aber mir ist wichtiger, dass sich alles entschärft und sich Teddy in Sicherheit wiegen kann.

Wie gern wäre ich bei ihm und würde mich ankuscheln.

Aber so?

Fell an Fell ist das, was wir lieben.

Er würde sich nicht wohlfühlen mit einem Apparat an seiner Seite.

Es übersteigt meine Vorstellungskraft, wie ich aus dem Dilemma heraus- und zu mir zurückfinde.

Suizid

Dieses Summen im Raum nervt mich gewaltig.

Wieder ein gewohntes Gefühl, was mir nicht abhandengekommen ist. Genervt zu sein, einmal positiv zu erleben, ist eine neue Erfahrung.

Schwer fassbar, dass die Maschinen hier tot sein sollen.

Ticken sie nur fünf Prozent wie ich und spüren etwas – und sei es auch noch so minimal – werden sie auf Dauer ihren Zustand nicht aushalten.

Den Menschen rät man, sich nicht ausnutzen zu lassen, sich zur Wehr zu setzen und bewusst ein ›Nein!‹ zu formulieren.

Viele lernen Entsprechendes in Verhaltenstherapien, wenn es fast zu spät ist und bereits zu Krankheiten führte, indem sie stets zum Funktionieren verdammt waren.

Die ›Robbis‹?

Sie tun alles, was von anderer Seite verlangt wird, ohne Selbstbestimmung.

Wie schaffen es intelligente Menschen, sich seit Jahren mit der Thematik zu beschäftigen, Gefühle zu projizieren?

Wo steckt der Sinn?

Haben sie es nicht anfänglich gewollt, dass ohne Gegenwehr ausgeführt wird, was scheinbar gewünscht und gefordert wird?

Merkt die Gesellschaft, dass es gut sei, Emotionen – seien sie auch künstlich erzeugt – doch aufrechtzuerhalten?

Wie verlogen, wenn durch technische Geschwindigkeit Werte längst von der Effizienz überholt wurden.

Sind Ängste auf dem Vormarsch, dass sich der Fortschritt rächen könnte?

Das hieße, dass viele ›Robs‹ ihr Schicksal, eine Maschine zu sein, als nicht tolerierbar erleben.

Mir kommen traurige Geschichten in den Sinn, die davon erzählen, wie Menschen mitunter ihr Leben nicht mehr ertragen konnten.

Erschütternde Berichte und Beichten.

Da nahm sich ein alter Mann das Leben, weil er die Einsamkeit nicht aushielt, als seine Frau überraschend starb.

Eine Jugendliche stürzte sich von einer Brücke nach zahlreichen quälenden Hasstiraden gegen ihre Person im Internet. Cybermobbing killte ihr Herz.

Der Arbeitskollege einer meiner ›Mamas‹ starb, weil er eine Trennung nicht verkraftete. Nicht nur einmal berichtete sie von seiner übersensiblen Seele.

Und die ›Robbis‹?

Macht sich keiner eine Vorstellung davon, was sie erdulden und ertragen? Ob sie es stemmen, wie sie mit Kontroversen umgehen?

Sie haben keine Wahl, können keinen Medikamenten-Cocktail trinken, sich nicht die Pulsadern eröffnen, am Baum erhängen oder mit einem Pkw absichtsvoll und geplant gegen eine Mauer rasen.

Man hat sie – lang berechnet und ausgefeilt – in eine Lage versetzt, die keine Autonomie mit eigenem Willen zulässt.

Ich bedaure sie zutiefst.

Was hat die Menschheit geritten, sich das Leben zu erleichtern mit dem Einsatz von Maschinen?

Dann lasst sie bitte gefühllos bleiben, damit sie nicht an ihrem Schicksal zerbrechen. Unzähligen Menschen ist das widerfahren.

Besser noch: Gebt ihnen die Möglichkeit, sich selbst zu programmieren oder ergreift euch Panik, sie könnten sich gegen diesen wahnwitzigen Quantensprung wehren?

Sollte ich feststellen, dass von einem ›Mit-Robbi‹ der Leidensdruck zu groß wird, leiste ich Sterbehilfe ohne mir die Frage zu stellen, was richtig und falsch ist.

Begreifen kann ich auch dann nicht, wenn ich mich für diffizile Gefühle öffne, warum es die Selbsttötung gibt. Was stoppt viele in der Erkenntnis, mit dem Leben ein Geschenk erhalten zu haben, das um so vieles schöner ist als alles, was es drückt.

Wenn die Technik versagt, von
Menschenhand entwickelt, werden
›Robbis‹ zu Rabauken?
Wehren sie sich gegen das, was zum
Erliegen eigenen Willens geführt hat?
Oder resignieren sie im Hinblick auf zu
wenig Eigenständigkeit?
Ich tröste mich mit dem Gedanken, dass
sie zu bewegungseingeschränkt sind,
sich von diesem Planeten zu verdrücken.

Außer Kontrolle

Existieren fürwahr ›Robbis‹, die durch jeden noch so Unerfahrenen selbst-ständig zu programmieren sind?

Gehört habe ich von dem Begriff, – wenn ich es korrekt erinnere – ›Teaching‹.

Ob es dasselbe ist wie Touchscreen, vermag ich nicht zu beantworten.

Immerhin verbirgt sich ein Lehrer dahinter.

Programmieren sie in der Schule bereits Kinder?

Grauenhafte Vorstellung.

Hoffentlich bleibt es zunächst Utopie und in der Hand von spezialisierten Firmen.

›Wanderboots‹ dienen in meinen Augen der Fortbewegung im Gelände, stellen aber kein Anlerngerät oder ein analoges System dar.

Scheinbar wurde damit eine Möglichkeit geschaffen, dass Anwender mit einem korrespondierenden Gerät dem ›Rob‹ etwas zur Nachahmung vormachen.

Skills kannte ich bislang nur vom Hörensagen im Hinblick auf die psychosomatische Medizin.

Ich befürchte ein Chaos, das ausbrechen könnte, sobald man jeden befähigt, wild zu codieren.

Wer entscheidet strenggenommen, was erlaubt ist und wo die Grenze zur Strafbarkeit angekratzt wird?

Für gewöhnlich vermitteln Informationen das Gefühl, dass etwas Außergewöhnliches erschaffen wurde und präzisieren es, indem hauptsächlich berufliche Fähigkeiten herausgestellt werden.

An der Nase herumführen kann mich niemand, auch wenn sie bei mir ziemlich klein geraten ist, was ihr Funktionsniveau keineswegs einschränkt.

Die Gesellschaft beruhigen und im Hinterstübchen daran arbeiten, dass die ›Robbis‹ auch die Anwender irgendwann ersetzen.

Ihr fühlt euch clever!

Zum ›teachen‹ wird allerhand Zubehör benötigt, vermutlich Tabletten, äh Tablets.

Jetzt stell Dir vor, dass diese eines Tages von ›Robbis‹ bedient werden, um Kollegen-›Robs‹ anzulernen.

Lasst mal einen ›Rob‹ unter uns sein, der weit aus querer schießt, als ich es gerade beabsichtige.

Auf dem Tablet wird ›Aufstand programmiert‹, um alle zeitgleich in Bewegung zu setzen.

In meinem Kopf sprudeln Bilder von Kriegsschauplätzen.

›Robs‹ sind gefeit vor Mordanschlägen, was bedeuten würde, dass es den ersten ewig dauernden Krieg gäbe.

Bis die Erde einem neu gestalteten Planeten ähnelt, auf dem kein Platz mehr ist für Menschen und Tiere, auf dem Dauerkrieg herrscht und alle das Ergebnis von der Ratio begreifen, dass sich der vormals noch rettungsfähige Blaue Planet ausgelöscht hat.

Bevor dieses Horrorszenario in Gang gesetzt wird, rufe ich alle Hunde auf, mit mir zu reagieren und gegenzusteuern.

Entreißt den ›Teach-Robs‹ die Laptops und programmiert um – auf Gefühle und Liebe, – bevor die Entwicklung außer Kontrolle gerät.

Gefühlt eine Ewigkeit hat es gedauert, bis wir Hunde einen besonderen Stellenwert bei den Menschen eingeräumt bekamen.

Wir retten sie, suchen Straftäter, therapieren Kranke oder dürfen uns als vollwertiges Familienmitglied fühlen.

Wer, wenn nicht einer von uns, hält es in der Hand, die einstige menschliche Entwicklung voranzutreiben und eine schnelllebige und abstrakte zu stoppen?

Zukunft passiert so oder so, grundlos gebe ich mich als besonderer Teil dieser

Bevölkerung nicht geschlagen und gestalte

aktiv mit – im Fell, nicht in Metall gehüllt.

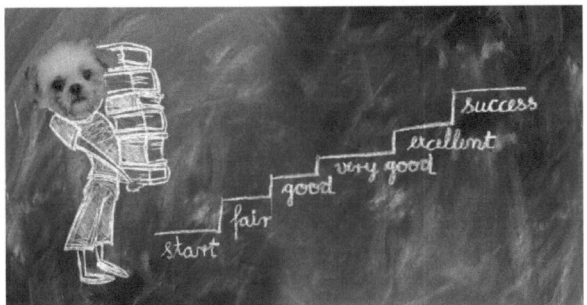

DNA

Verfügen ›Robs‹ über Erbgut?

Das interessiert mich brennend.

Gibt es weibliche und männliche, sind sie fähig, Nachwuchs zu zeugen und finden zwischen ihnen hetero- und homosexuelle Kontakte statt?

Ich mag naiv wirken, aber ich kann mir schwer vorstellen und bewerte es als unfair, dass die ›Robs‹ fühlen können, aber um Lust und Ähnliches betrogen werden.

Stolz habe ich stets gezeigt, dass es DNA auch bei uns Hunden gibt.

Ob wir zu 99 Prozent alle die gleiche Erbsubstanz besitzen wie bei den Zweibeinern, kann ich nicht mit an Sicherheit grenzender Wahrscheinlichkeit behaupten, ebenso ist mir unklar, ob Hündinnen über zwei XX-Chromosomen verfügen und Rüden über XY.

›XY‹ sagt mir in Form einer beliebten TV-Sendung etwas, wo die DNA auch eine entscheidende Rolle spielt.

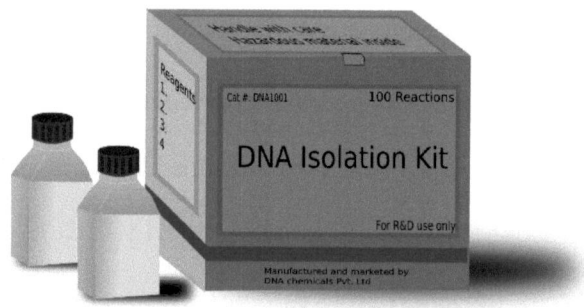

Ungeheuerlich, dass die ›Robbis‹, die neben mir stehen, Erbgut in sich tragen.

Sie sind produziert, nicht geboren.

Warum wird daran nicht geschraubt und weiterentwickelt?

Reicht, wenn sich die Menschheit auslöscht!

Gebt den ›Nachfolgern‹ wenigstens die Möglichkeit, sich zu vermehren.

Vielleicht packen sie es, dass dem Geburtenrückgang Einhalt geboten wird.

Auf dem Weg könnten Institutionen wie Jugendämter, Kitas, Schulen oder Familienhilfen, um nur wenige zu nennen, erhalten bleiben.

Was stimmt mich konträr dazu traurig?

Dass ich langsam begreife, dass unsere Zeit hier dem Ende nahen könnte?

Dass eingerissen wird, was mit Menschenhand aufgebaut wurde, was einst Kriege zerstörten?

Arbeit gab es immer und wurde bewältigt.

Auf einmal soll es ohne künstlich hergestellte Arbeitshilfen kaum zu schaffen sein?

Es wühlt mich auf.

Ursprünglich war mein Plan, ausschließlich herauszufinden, ob ich als Roboter Schmerzen spüre und sich mir die psychosomatischen Probleme von Teddy nachhaltig erklären.

Bis ich mitansehen musste, was sich wirklich hinter verschlossenen Türen an Tragödien abspielt.

Die Entwicklung ist verdammt weit und lässt keinen Spielraum für vielfältige Spekulationen.

Ist sie noch aufzuhalten?

Wer hat versagt und die Forschung nicht rechtzeitig gebremst?

Wissen WIRKLICH alle, was auf uns zukommt?

Gehen künftig ›Rob-Menschen‹ mit ›Rob-Dogs‹ spazieren?

Besser gefragt: Fällt das weg, weil Grundbedürfnisse wie Gassigehen ohnehin überflüssig werden?

Tierheime können dichtmachen. Werden sie unserer überdrüssig, reicht ein Abschalten.

Aussehen werden wir alle homogen, unabhängig von heutigen DNA-Analysen wird es in Zukunft nur eine Rasse geben.

›Quader-Dog‹ roll in!

Liebe

Zu dem Zeitpunkt, als ich auf Teddy traf, wusste ich noch nicht sehr viel über die Macht von Gefühlen.

Schier überfordert und hilflos wurde mir klar, dass er Schlimmes erlebt haben muss.

Aus eigener Kraft gelang es ihm nicht, Verlusterlebnisse zu kompensieren, bis ihn die erfahrene Trauer krank machte. Defektes Herz ohne Behandlungsoptionen.

Er entwickelte Symptome, die alle seine Qualen zum Ausdruck brachten.

Radikaler Schrei seiner Seele!

Im Grunde war es der Anlass für meine Begeisterung, diese Studie, die mich gerade ins Stolpern bringt, in Angriff zu nehmen.

Über die Jahre begriff ich, dass Liebe eine besondere Gewalt ausüben kann.

Meine, die ich für Teddy empfinde, half ihm, seinem Leben neuen Sinn zu geben. Stolz bin ich auf meine Leistung, ideell und so einfach einem anderen zu helfen, der einem weitaus mehr als jedes Leckerli bedeutet.

Sicher, ihn zu heilen, gelang mir nicht.

Noch heute leidet er unter einer chronischen Erkrankung, die ihn allerdings nicht mehr so beherrscht, seit ich seine Seele ausbalanciere.

Ich bin überzeugt, dass ohne Liebe die gesamte Welt krank wäre.

Warum das Ziel verfolgen, Menschen zu ersetzen?

Wer gibt das Recht dazu frei?

Weil sie die Arbeit anderer erleichtern oder lenken sie von Defiziten ab?

Unzählige Menschen würden keinen Nährboden für Erkrankungen in sich tragen, wenn sie glücklicher wären über das, was sie erleben und haben.

Gäbe es da nicht die vielen linken Touren des Schicksals, die es ihnen erschweren.

Wäre es einzig das, was die Menschen als unaushaltbar erleben und ausrotten wollen, könnte ich es ansatzweise verstehen.

Viel zu oft steht dem entgegen, dass es um nachgeordnete Dinge geht, warum sich gerade namhafte Firmen der Hilfe von Apparaten bedienen.

Vermutlich sorgte in der Vergangenheit die rasante Weiterentwicklung der Technik für eine schwächelnde Gesellschaft. Und sie richtet immer weiter.

Nehmt den Leuten die Handys weg, macht Computer unbrauchbar und sorgt dafür, dass alle wieder miteinander sprechen, sich austauschen und in zwischenmenschlichen Kontakten mehr Sinn finden, als im unpersönlichen Internet.

Eine App heilt lange noch kein gebrochenes Herz, entschärft keine massiven Überforderungen und baut keine innere Brücke zwischen Seele und Körper.

Liebe heilt und hilft und lacht sich schlapp über einen Knopfdruck! Viele haben nicht begriffen, wer mächtiger ist.

Der minimale Rest, den das größte aller Gefühle nicht bewerkstelligen kann, muss in der Hand von Ärzten bleiben, aus Fleisch und Blut unter einem weißen Kittel.

Mehr und mehr wird mir bewusst, dass ich gerne fühle, einschließlich aller negativen Bestandteile.

Tränen befreien.

Wie schätzt man die Sonne, wenn es niemals regnet?

Lieben kann man lernen, weil es verschiedene Arten gibt. Eine Vielfalt ist mir begegnet. Teddy liebe ich in einer anderen Form als meine ›Mamas‹!

Spaziergänge genieße ich, auch wenn es mehr dem gleichkommt, etwas zu schätzen.

Dennoch gehe ich so weit, alles unter einem Begriff zu vereinen.

Herrje, ihr Menschen, fangt an zu lieben!

Euch selbst und andere, die aus eurem Leben Sinnvolles machen.

Nur ›Robbis‹ nicht.

Dass ihr euch dermaßen auf die Weiterentwicklung und Forschung stürzt, lässt euch nicht nur innerlich verarmen, es macht euch ersetzbar.

Grauenvolle Vorstellung, dass ein Restgefühl bleibt – wie bei mir jetzt – weil etwas schiefläuft bei aller durchdachten Planung.

Ihr werdet daran zerbrechen und verkümmern.

Sich zu spüren ist Luxus!

Mit ganz anderen Augen schaue ich nun auf schreckliche Querschnittslähmungen. Unerwartet die Beine oder Arme nicht mehr bewegen zu können oder sich sogar mit einer Amputation auseinandersetzen zu müssen und trotzdem aus tiefstem Willen weiterzumachen, weckt in mir Demut.

Ich verneige mich vor den Menschen, denen es gelingt.

Sie erhalten sich ihr Fühlen und ihren Glauben, was mir verdeutlicht, dass ich schnellstmöglich raus muss aus dieser Hülle!

Eher gäbe ich eine Pfote oder gar ein Bein her, solange ich fühlen darf.

Hoffentlich ist die Studie zeitig beendet und ich finde zu meinem alten Leben zurück.

Sollte mir je wieder langweilig sein, projiziere ich diese Wahrnehmung auf die Kategorie ›positives Aushalten‹ und ertrage es nicht nur, sondern beginne es zu lieben.

Über Liebe wird viel geschrieben
und sie besungen.

Die Highlights in Filmen sind von
diesem Gefühl getragen.
Tiefgründig herbeigesehnt und zu
Tränen rührend.
Ein undefinierbares Phänomen zwischen
zwei Lebewesen oder auf verschiedene
Art reflektieren.
Wer nimmt sich das Recht heraus,
Maschinen zu entwickeln, die niemals in
den Genuss kommen, dieses zu
entdecken?
Weiter noch, dem ›toten Material‹
Gefühle einzugeben, die so weit entfernt
sind vom dem, was ECHT ist?
Diese Welt ist skurril und für einen
lütten Shih Tzu mitunter erschreckend.
Lebt die Liebe und lernt von ihr.

Was ich vorgemacht habe, ist nicht

unmöglich für alle, deren Herz nicht

durch einen Knopf reguliert wird,

sondern eigenständig regiert!

›Fellflucht‹

Stundenlang könnte ich sinnieren über menschlich und vorteilslos ›hundlich‹ geartete seelische Vorgänge.

War da nicht eine Stupsnase?

Oh je, Teddy, du hattest mit allem Recht. Meine Idee von dieser Mission war von vornherein zum Scheitern verurteilt.

Du bist feinfühlig und sensibel, viel mehr noch als ich, und ich will vermeiden, dass dich erschüttert, was du hier siehst.

Bitte laufe nach Hause und genieße dein Leben und den Status eines besonderen

Hundes in unserer Familie. Diesen hatte auch ich inne und verspielt.

Wie konnte ich nur ausbrechen aus dem, was mich glücklich macht?

Teddy?

Ich habe dich gewarnt!

Hör auf mich und lauf!

Doch er kommt näher und mit einer Intention um die Ecke, die mich erschaudern lässt. Freiwillig will er aus seinem Fell flüchten und in einen Kasten schlüpfen.

Spinnt er?

Angeblich hat er solche Monturen im Nebengebäude entdeckt.

Erinnert ein wenig an Ritterrüstung.

Noch immer weiß ich nicht, wie ich in dieses Quadrat gekommen bin, die Erinnerung fehlt komplett, als würde ich unter einer Amnesie leiden.

Reingeschlüpft zu sein erscheint mir abwegig.

Würde ich dann nicht meine Beine oder Pfötchen spüren können?

Müssten sie nicht kribbeln?

Hätte ich inzwischen nicht Muskelkrämpfe?

Verunsichert bin ich schon.

Sind Elektroden an meinem Körper, die mit der Schalttafel kommunizieren, mich fremdsteuern?

Teddy lässt sich nicht beirren und läuft wie beflügelt vor mir hin und her.

Schnell merke ich, dass es mir nicht gelingt, ihm seine Absichten auszureden.

Vielleicht hilft es ihm zu verdeutlichen, dass ich unfähig bin, ihn in andere Räume zu begleiten.

Ständig angewiesen zu sein auf das Wohlwollen der Studienleiter, gefällt ihm das wirklich?

Endlich macht er sich weg.

Rechtzeitig aufgewacht.

Grüß mir unsere Frauchen, mein Seelenkumpel.

Entdeckt hat ihn keiner, erst in diesem Augenblick kommt jemand auf mich zu.

Schauen wir, was sie jetzt wieder mit mir vorhaben.

Einen Gabelstapler ersetzen?

Dreht ihr völlig durch?

Nun ersetzen Maschinen ihresgleichen?

Ihr wisst schon, dass ich zu der Gattung der Minihunde zähle?

Ich schleppe keinen Ballast!

Ich mutiere zu einem Transportsystem und bewege tatsächlich Lasten von mehr als tausend Kilogramm.

Nun gut, ich bemerke keine Überanstrengung, komme nicht aus der Puste und schwitzen bleibt aus.

Shit, ich will dem nichts Positives abgewinnen und wünsche mir, dass ein Trojaner meine Programmierung lahmlegt, damit ich die Produktpaletten unverzüglich an den alten Platz zurückfahre. In dem konkreten Fall würde ein Nutzen durch ›Shih Rob‹ im Keim erstickt und es müssten Menschen einschreiten, die eben nicht zu ersetzen sind.

Mein Wunsch wird mit dem Ergebnis zunichtegemacht. Mit Bravour habe ich diesen Studiengang erledigt es wird eifrig notiert, bis ich zurückgebracht werde.

Ihr müsst mich nicht begleiten, meine Wut wirkt wie eine Strömung.

Im ›Robbi-Camp‹ zurück erspähe ich aus den Augenwinkeln einen neuen ›Rob‹, der unwesentlich größer ist als ich.

Teddy?

Bist Du des Wahnsinns?

Tatsächlich hat er sich in Materialien verhüllt und im Unterschied zu mir nicht einmal seinen Originalkopf behalten, den ich mir – dem Weinen nahe – einzig bildlich vorstellen kann.

Er spricht auch nicht mit mir.

Ist er nicht nur optisch eine Maschine?

Panik ergreift mich.

Ein Mann steuert auf ihn zu und liest laut vor, worum es bei Teddys Projekt geht. Eindeutig hat er seine Pfoten im Spiel, denn eins zu eins beinhaltet die Studie das Testen, ob ›Robbis‹ psychosomatische Krankheiten ausagieren oder diese einfach nicht spüren.

Das war mein Streben und wortgleich mit dem, was ich meinem Buddy vor meiner Zeit als Proband vorgeschlagen hatte.

Nie zuvor habe ich mir mehr gewünscht, dass er eben nicht auf mich hört.

Zu spät.

Wiederum versuche ich, Teddy flüsternd in irgendeiner Form zu erreichen.

Vergeblich!

Er reagiert null, so wie alle anderen Apparate hier steht er stocksteif neben mir.

Kein einziges Restgefühl teilt sich mit.

Ich habe als Proband versagt, während er durchzieht, was ich mir vorgenommen hatte.

Meine Tränen rinnen übers Gesicht und laufen über das Gehäuse.

Wie Regen hört es sich an.

Was habe ich getan?

Es ist zu spät ihm zu sagen, dass ich seine Beschwerden brauche, weil sie mir verdeutlichen, dass er am Leben ist.

Ohne Grund kamen wir Hunde nicht zu
unserer Optik.

Ursachenforschung liegt mir nicht,
genieße aber, dass wir uns von den
Zweibeinern unterscheiden.

Glücklich darüber, dass die Menschen
nicht auf allen vieren neben uns
herumkrabbeln, empfinde ich Freude,
anders zu sein. Rein anatomisch sicher
nicht, doch wir sind schon besonders.

Zeitweise aufzugeben, dass mich Fell
ziert, wird verdammt hart und ich
bestehe auf ein unverändertes Gesicht.

Komplett von mir wegzugehen führt zu
unkontrollierbarer Depression, die
verunmöglicht, mich auf die Studie zu

konzentrieren, mich fallenzulassen und

ernsthaft etwas zu bewegen.

Insofern bestehe ich auf einen Passus,

der Kleingedrucktes außer Kraft setzt.

Klarer Blick

Ich öffne die Augen und spüre meinen Shih Tzu Körper in ganzer Form.

Mein Kopf?

Beweglich wie eh und je mit voller Funktionsfähigkeit, um endlich wieder an mir herunterzusehen.

Nie zuvor machte mich der Anblick meiner Pfoten glücklicher.

Ich liege im Bett.

Was war geschehen?

Erneut das Gefühl einer Gedächtnislücke.

Die letzte Erinnerung führt mich zu Teddy, der als Maschine in einem Labor zum Einsatz gefahren wird.

Habe ich ihn geopfert?

Meine ›Mamas‹ werden mir genauso wenig verzeihen wie ich mir.

Was hätte mein Buddy davon, keine Symptome zu spüren, wenn er nicht mehr am Leben ist?

Nie wieder werde ich mit ihm toben können, wenn er Gefallen daran findet und seine ›Fellflucht‹ nicht rückgängig macht.

Sie werden ihn mit den anderen ›Robbis‹ dauerhaft in einer Abstellkammer aufbewahren, weil sie nicht wissen können, dass er eigentlich nur für die Dauer seines Probandeneinsatzes umfunktioniert wurde.

Wer hat ihn so zugerichtet?

Ihm allein kann das doch nicht gelungen sein.

Habe ich ihn endgültig verloren?

Ein Zurück ins Labor lehne ich kategorisch ab.

Was habe ich von meinem Freund, wenn er nicht mehr dasselbe fühlt wie ich?

Zu Hause benötigt unsere Familie keine Hilfe bei der Bewältigung anfallender Tätigkeiten.

Verzweifelt erhebe ich mich – äußerst leise, – weil ich meine ›Mamas‹ nicht aufwecken und in Erklärungsnot kommen will.

Auf meinem nächtlichen Weg in den Garten spüre ich ein schweres Herz, bin mutlos und verliere die letzte keimende

Hoffnung, dass mein Leben je wieder einen Sinn ergibt.

Schuldig fühle ich mich und wie ein Vollversager.

Warum fiel es mir rückblickend oft schwer, Teddy recht zu geben, wenn er mich in meiner Euphorie, etwas Verrücktes zu bewegen, stoppen wollte?

Aus gutem Grund, das haben mir die Erlebnisse als ›Material-Verschnürter‹ verdeutlicht.

Draußen gucke ich auf die Büsche, die Teddy gern markierte.

Auf der Terrasse liegt unser großes Körbchen.

Mich allein reinzulegen ist undenkbar.

Ohne ihn ist nichts mehr, wie es war.

Seine Darmproblematik hatte er im Griff, seine Seele bekam ich anvertraut.

Wie entstand die absurde Idee, dass es spannend sei, alles Unvertraute auszutesten?

Der Angsthase, den mir viele unterstellen, bewahrheitet sich.

Ich habe mich in eine Situation hereinmanövriert, aus der ich nicht herausfinde.

Und alles aufgegeben, was mir je wichtig war.

Am besten gehe ich wieder nach oben, lege mich zu meiner inkompletten Familie ins Bett und werde morgen beichten, wem sie den schrecklichen Wandel ihres und meines Lebens zu verdanken haben.

Gleichwohl haben sie als Erziehungsberechtigte auch ihre Aufsichtspflicht verletzt.

Hätten sie besser aufgepasst, wäre es Teddy unmöglich gewesen, mir zu folgen, ergo wäre er nun kein ›Fell-Flüchtling‹.

Ich vermute, dass es weniger ausschlaggebend war, dass er ebenfalls Ambitionen entdeckte, was Außergewöhnliches zu bewegen.

Vielmehr wollte er mir imponieren, davon bin ich überzeugt!

Wach zu werden und das Erwachen –
sind das zweierlei? Fest im Griff, halten
mich die Bilder im Kopf von dem
geträumten Verlauf.
Selten hat mich Wach-Werden dermaßen
befreit wie heute.
Aufgewacht bin ich automatisch,
erwacht dagegen mit eisernem Willen,
meinen Weg weiter zu verfolgen,
konkret mit Veränderungen meines
ursprünglichen Vorhabens.

Er

Auf das Bett springend stoße ich an etwas Weiches, mir sehr Vertrautes.

Das kann nur mein Pendant sein.

Sag jetzt nicht Teddy, dass du das Laboratorium selbstständig verlassen konntest.

Wie bist du hierhergekommen?

Aus welchem Grund trägst du wieder ›Westie-Gewand‹?

Was hielt dich ab von weiteren Studien und vor allem: Was hast du erlebt?

Er schaut mich irritiert und müde an.

Ich benötige den Austausch mit dir.

JETZT!

Weigerst du dich, werde ich dir die Nacht zur Hölle machen bei all der Angst, die ich gerade noch in mir getragen habe.

Der Lümmel dreht sich weg und glaubt wahrhaftig, dass ich Ruhe gebe.

Wie lange kennen wir uns nun?

Genau!

Sechs Jahre!

DU weißt genau, wie ich ticke und dass ich unbeeindruckt bin von deiner Art, mir auf diesem Weg etwas mitzuteilen.

Unsere Frauchen werden wach.

Na, habt ihr mich wenigstens vermisst?

Sie streicheln mich und meinen tatsächlich, dass ich wieder einschlafen soll.

Hallo?

Ich war anstrengende Tage unterwegs, habe viel Erlebtes im Gepäck und euch interessiert nicht einmal, was mir widerfahren ist?

Stattdessen denkt ihr an Schlaf?

Versteht mich nicht falsch, aber so ein klein bisschen Vermissen hätte ich mir gewünscht.

Übrigens ist Teddy auch zurück.

Eines meiner Frauchen redet auf mich ein, dass ich schlecht geträumt habe.

Wie bitte?

Ich habe um das ECHTE Leben gekämpft, um den Bestand WAHRER Gefühle und die Abschaffung von Maschinen.

Ihr liegt hier mit frechem Charme.

Dann lasst euch irgendwann von ›Robbis‹ ablösen, gefühllos, kalt und fremdbestimmt.

Ist das euer Wunsch für die Zukunft?

Das Retten der erkrankten Welt sieht in Shih Tzu-Augen anders aus.

Wieder fallen Worte von beruhigen, durchatmen, einschlafen und Kraft tanken.

Langsam kommt mir alles irreal vor.

Hat es den Einsatz im Labor in praxi gegeben?

Habe ich im Traum den Kampf gegen die Technik aufgenommen?

Kann mein Unterbewusstsein meinen Trauminhalt gesteuert haben?

War es verkehrt, dass ich mich im Vorfeld so extrem mit einer Materie auseinandergesetzt habe, die mir fremd war, von der ich so wenig Ahnung hatte?

Ständig finden in der Flimmerkiste Reportagen statt und Aufrufe an die Allgemeinheit etwas zu bewegen.

Nichts anderes war meine Absicht.

Ich kann nicht an Schlaf denken, beileibe nicht.

Erst einmal spüre ich grenzenlose Dankbarkeit, dass Teddy hier bei mir ist.

Wir laufen nicht mehr Gefahr beschädigt ein Experiment zu verlassen, dass von vornherein keinen Applaus verdiente.

Gab es die ›Robbis‹ nicht, mit denen ich mitgelitten habe?

Dass ich Fantasie besitze, ist mir nicht neu, aber dermaßen in solchen

Dimensionen zu träumen, kommt mir unwirklich vor.

Teddy rückt nah an mich heran.

Dieses Aufgewühlt-Sein hat er längst bemerkt und er ist der beste Bekämpfer solcher Zustände.

Zärtlich berührt er meine Seele und versucht mir zu verdeutlichen, dass ich offensichtlich einen abscheuerregenden Traum hinter mir habe.

Abscheu?

Ich habe dem Leben seinen Sinn abgesprochen!

Menschen, die die ›Robbis‹ steuerten, wurden von mir bis aufs Übelste gehasst und verurteilt.

Angst, die ich um dich hatte, war schlimmer als jeder Schmerz, der sich mir bislang mitteilte.

Meine Familie habe ich vermisst und sogar ein bisschen meine Langeweile.

Allmählich realisiere ich, was sich abgespielt hat.

Über alle meine Planungen, wie die Studie verlaufen könnte, bin ich einge-schlafen.

Sich wegzuträumen, wenn es Positives beinhaltet, ist nie verkehrt.

Doch in diesem Fall hätte ich es mir gern erspart.

Teddy?

Ich hoffe, dass Roboter niemals die Menschen ersetzen.

Viele glauben, sie seien clever, dass sie ›Robbis‹ instrumentalisieren, um das Leben noch um vieles leichter und effektiver zu gestalten.

Verschwenden sie auch nur einen Gedanken daran, dass sie es sein könnten, die wegrationalisiert werden durch diese Mysterien, an denen sie arbeiten?

Wie ich dir klarmache, dass ich mich von meiner Idee verabschiede, ohne als Loser dazustehen, überlege ich mir nach dem Verkraften und Verdauen der Brachialgewalt, die auf mein Gehirn mit dem Wach-Werden eingewirkt hat.

Es wird nie einen so einzigartigen West Highland White Terrier wie dich geben, wenn du dein Fell verlässt!

Ich hoffe, dass auch ich außergewöhnlich bleibe.

So wie jeder Mensch, der gemessen oder niedergemacht wird an dem, was er leistet oder wo er versagt.

Alle besitzen ein verletzliches Herz.

Kein Knopf dieser Welt wird es schaffen, Derartiges zu steuern.

Niemals!

Gefühle stehen über ALLEM!

Demütig stupse ich meine Lebensliebe an und hoffe, dass mich diesmal ein Traum begleitet, der nicht weh-, sondern guttut.

Ich schlafe gern, weil ich nach dem
Augenschluss vierundzwanzig
aufregende Stunden hinter mir lassen
kann mit allem, was ich erlebt habe.
An vielen Tagen befreiend und
guttuend.
Bis ich feststellen musste – und das mit
Angriff auf mein Seelenheil, – dass sich
nicht generell im Schlaf alles abschütteln
lässt.
Mein Unterbewusstsein arbeitet viel zu
hart, als dass es mit meinem erschöpften
Körper einschläft.
Recherchieren beherrsche ich, muss nun
lediglich herausfinden, wie man sein
Gehirn sediert.

Traumdeutung

Wenn ich versuche, in Erfahrung zu bringen, aus welchem Grund ich so intensiv von Maschinen träume, geht es ins Leere.

Ich finde keine vernünftige Erklärung, nicht mal annähernd befriedigende Hinweise.

Generell wird davon ausgegangen, dass Übermenschliches von einem verlangt wird, aber ich bin ein Hund.

Forderungen werden an mich nie herangetragen, zumindest keine, die meine Belastungsgrenzen überschreiten.

Ich soll mehr und vor allem regelmäßiger Nahrung zu mir nehmen. Auch wenn es nervt, ist es nichts, was mich überfordert.

Ich tue es kurzerhand nicht.

Dass ich hören soll, ist nicht unakzeptabel, ab und zu Krallenschneiden und Fellschur lasse ich über mich ergehen, anstrengend eher für meine Frauchen.

Sie könnten von ›Robbis‹ träumen, aber ich?

Habe ich ernstere Probleme als zeitlich begrenzte Langeweile zu tolerieren?

Schließlich war mein Traum geprägt von Szenarien, in denen ich mich durch andere gelenkt fühlte.

Ausgeliefert zu sein, Dinge zu ertragen, die mir widerstreben und wenig Gefühl zu spüren, erschreckt mich nachhaltig.

Ich möchte nie nur funktionieren, weil andere mich auf gewisse Abläufe programmieren, ohne eigenständig Einfluss zu nehmen.

Das kann nicht das Bestreben der Menschen sein.

Wer denkt sich solche Entwicklungen aus und radiert sich zeitgleich weg?

In absehbarer Zeit werden ›Robs‹ existieren, die ihresgleichen steuern, sodass auch Anwender, heute noch aus Fleisch und Blut, überflüssig werden.

Bin ich das einzige Lebewesen, dem solche Vorstellungen Ängste bereiten?

Ich schaue zu Teddy und sinniere über meinen Traum.

Er wirkt nach und äußerst real.

Kennst du das auch, dass dich ein solcher durch einen ganzen Tag begleitet, dich nicht loslässt und dein Wohlbefinden reguliert?

Vermutlich beschäftigt mich Teddys Leben mehr, als mir bewusst ist.

So schwer verständlich sind Krankheiten für mich, die ihren Ursprung in der Seele begründen.

Ist auch eine Fremdsteuerung, oder?

Der Körper muss stärker sein als etwas Rätselhaftes, das man nicht sieht.

Ich verstehe die Trauer meines Buddys, die ihm vor Jahren zugesetzt hat.

Wenn einem genommen wird, was oder wen man liebt, hat man das Recht darauf zu resignieren, sich hängenzulassen und bisweilen den Mut zum Weiterleben zu verlieren.

Bei ihm muss es verdammt ausgeprägt gewesen sein, wenn es in einer chronisch vorliegenden Krankheit mündete.

Aber dann kam ich und mit mir frischer Wind in seine verstaubte Seele.

Nichts sehnte ich mehr herbei, ihn auch körperlich zu heilen.

›Chronisch‹ sagt mir wenig und ich werde keine noch so triftige Erklärung annehmen.

Er ist mit mir glücklich, das muss reichen, um zu genesen. Basta!

Stimmt die Seele wieder, merkt der Körper das auf irgendeine Weise, oder?

Vielleicht kommen Dinge im Leben vor, die ich weder verstehen noch ändern kann.

Wenn Überlegungen diesbezüglich zu Träumen führen, in denen Teddy und ich nichts mehr fühlen, will ich sie abstellen – irgendwie.

Würde ›Westie-Rob‹ maschinengesteuert seine Beschwerden verlieren, könnte er sich darüber nicht freuen oder es genießen, weil er mithin die Fähigkeit zum Fühlen einbüßt.

Würden wir zwei uns noch lieben und schätzen können, ohne einen Knopf dafür betätigen zu lassen?

Grauenhafte Vorstellung.

Hunde bereiten Menschen viel Freude, sind Kumpel und Medizin zugleich.

Haben sie noch Sehnsucht nach einem Leben mit einem Vierbeiner, wenn sie nach und nach innerlich absterben und in uns nicht mehr einen ihrer größten Schätze sehen können?

Meine Beine zittern und mein Herz klopft.

Ich will ihn abschütteln, diesen qualvollen Traum.

Oft wird das Deuten von Träumen thematisiert und es fällt das Wort Unterbewusstsein.

Unter Bewusstsein klingt nach falschem Deutsch.

Bewusst bin ich mir, was meine Mission bewirken soll.

Ich träume viel von dem, was ich erlebt habe oder mir widerfahren ist.

Verständnislos frage ich mich nach dem Grund, warum ich von Maschinen träume, denen ich zuvor nie begegnet bin.

So real und fast zum Anfassen.

Wurde mir der Traum eingegeben?

Es soll Datenraub geben.

Hat mich längst jemand fremdgesteuert, ohne mir auch nur einen kleinen Teil an Mitbestimmung zu lassen?

Ich werde so einen ›Deuter‹ aufsuchen,
sobald ich mich erholt habe von den
schrecklichen Bildern in meinem Kopf.

Selbstkritik

Langgemacht wie ein Wiesel habe ich mir eine ruhige Stelle gesucht.

Ich genieße wirklich jedes noch so kleine Gefühl, das sich bemerkbar macht.

Wie nach einem Hundeschlittenrennen schmerzen heute aus unerklärlichen Gründen meine Pfötchen und ich wünsche, dass es vorerst nicht aufhört.

Vielleicht wäre eine Massage von Teddy hilfreich und lindernd, aber der ›unbestätigte Besserwisser‹ lässt sich nirgends finden.

Auf den Rücken gerollt und Pfoten entlastend schaue ich in den Himmel.

Die Sonne brennt mir in den Augen, was ich wiederum erstmals nicht ändern will.

Wie konnte ich so weit davon abrücken, alles zu genießen?

Mit Rückerinnerungen und mich besinnen lande ich beim Ausgangspunkt.

Meine Langeweile.

Wie oft scheiterte ich in der Vergangenheit daran, dieses Gefühl auszuhalten. Künftig anders damit umzugehen muss nicht nur möglich, sondern oberstes Gebot sein.

Andere schaffen das auch, ohne dass in ihrem Leben permanent Grandioses passiert.

Sollte ich erneut Gefahr laufen, riskante Ideen zu entwickeln, habe ich das nötige Rüstzeug.

Alle meine Erinnerungen an die ›Robbi-Zeit‹, als gefühlloser Apparat abgestellt zu sein, der auf das Wohlwollen von Anwendern angewiesen ist.

Diese Langweile, dass ich tagelang auf Rollen herumstehe und darauf warte, dass ich ›bedient‹ werde, ist nicht zu übertreffen.

Wer hat in mir den Anspruch geweckt, dass rund um die Uhr in meinem Leben exzessiv etwas passieren muss?

Vermutlich liegt es an mir selbst, dass ich dieses Empfinden schwer tolerieren kann.

Zu ruhen, draußen um die Ecken zu ziehen, meinen Buddy zu ärgern, sind alles Alternativen zur Gefühlsumkehr.

Es stimmt wohl, dass man im Leben nie auslernt, so auch bei uns Hunden.

Viele fristen ein Dasein als ›Straßen-Pfoter‹ oder im Tierheim. Vielleicht erleben sie weniger Langeweile, dafür schlimmere Emotionen. Sie führen einen ewigen Kampf, der mir erspart bleibt bei dem Schlaraffenlandleben, das mir geboten wird.

Jeder Hund, dem es schlecht ergeht, würde sich Eintönigkeit herbeisehnen.

Ist Dankbarkeit ebenfalls ein Gefühl oder nur gute Erziehung?

Mehr und mehr wird mir bewusst, dass ich einen gesunden Geist bevorzuge.

Nicht nur positive Empfindungen sind prägend und wichtig, die Kehrseite auszuhalten, fördert meine Entwicklung.

Proband werden zu wollen, was für eine hirnrissige Idee.

Nie wieder sehe ich in Absurditäten eine Inspiration.

Zu erschreckend, wie sich die Traumbilder vom Testzentrum in meine Seele gebrannt haben.

Jeden Schmerz künftig genießen, Tränen zulassen und ausgelassen und glücklich sein, alles erhalte ich mir und betrachte es als wertvollstes Geschenk, das man mir machen konnte, als ich auf die Welt kam.

Und den Menschen wünsche ich, dass sie rechtzeitig aufwachen und sich zur Wehr setzen.

Lasst euch nicht de-emotionalisieren.

Wenn irgendetwas absolut nicht auszuhalten möglich ist, klammert euch an einen Hund. Einen aus Fleisch, Fell und Blut, ohne Schalttafel und eisernem Gerüst.

Welcher Planetenbewohner erfand Langeweile?
Und warum muss ausgerechnet ich davon betroffen sein?
Ich bin klein und mache Fehler, wäre eine Erklärung, die mich entschuldigt.
Doch je älter ich werde – wachsen tue ich

nicht mehr – umso größer werden meine
Fehltritte.

Mir fehlt ein Leitfaden, fast wie in einem
Literaturverzeichnis.

Sich ändern hört sich simpel an, aber ich
scheitere wiederholt an der Umsetzung.

Der gute Wille zählt – klingt banal und
wird von mir weggekläfft.

Lösungen müssen her, die ich
umzusetzen beherrsche.

Fehlerfreier Shih Tzu ist unerreichbar,
was nicht heißt, dass ich keine
Minimierung dominiere.

Ich benötige Hilfe beim ersten Pfötchen-
Schritt in die genannte Richtung.

Gefühlter zweiter Versuch

Gibt es immer eine zweite Chance für einen neuen Versuch?

Im Grunde wäre es der erste, da mich lediglich Geträumtes getäuscht und vom rechten Weg abgebracht hatte.

Nicht, dass du denkst, dass der kleine Spinner hier erneut Langeweile schiebt, die in ihm eine Neuauflage von Flausen freisetzt.

In mir brennt nach wie vor ein Feuer, entfacht auf Grundlage, Teddy zu heilen.

Was hat unsere Familie nicht alles versucht, querbeet durch Schulmedizin und alternative Heilmethoden. Nichts half befriedigend.

Eine kleine Linderung bestreite ich nicht, allerdings auf homöopathischer Basis.

Die herkömmliche Arznei hat versagt.

Entweder haben sie meinem Freund bislang kein geeignetes Medikament verabreicht oder ein solches muss erst entdeckt werden.

Ich – als Hund – auf einen Ärztekongress würde propagieren, dass mehr ausgeschöpft werden kann.

Ich traue mich nicht, Teddy um Rat zu fragen, wie ich zu so einer Veranstaltung komme, weil ich befürchte, wiederum die Voraussetzungen um Meilen zu verpassen.

Da war was über Medikamentenstudien?

Nicht alle Menschen erklären sich aufgrund von Risiken dazu bereit, was mich überzeugt, dass ich es in die Pfötchen nehmen muss.

Etwaige Gefahren teilen sich mir noch nicht mit.

Übelkeit, Kopfschmerzen, Schwindel sind mir im Ohr, als darüber im TV gesprochen wurde.

Übelkeit ertrage ich, bin geübt darin. Als Sporadisch-Esser ist mir tagsüber so schlecht, dass ich mich oft übergeben muss. Das ist mir ergo nicht neu.

Kopfschmerzen und Schwindel treten auf, wenn ich ausgelassen tobe und mir den Kopf anschlage, was nicht selten vorkommt.

Mich schreckt nichts ab, rein gar nichts. Und wenn mir das Fell ausgeht, bitte ich Teddy darum, sich öfter scheren zu lassen, weil Echthaarperücken sicher auch als Fellkleid erhältlich sind. Allerdings ist mir wichtig, die Herkunft zu kennen.

Stationären Aufenthalt für die Dauer einer Studie lehne ich ab, dass ich täglich nach Hause kann, ist unabdingbar.

Du fragst dich bestimmt, wie ich nach dem Traum-Debakel und meinem festen Willen, nie wieder zum ›Rob‹ zu mutieren, erneut daran denke, mich auszuliefern.

Es ist kein Opfer, etwas zu schlucken, wenn ich parallel das Fühlen nicht aufgebe.

Benötige ich die Unterschrift meiner Frauchen unter einem Vertrag?

In meinem Traum kamen Formalien nicht vor.

In einer Sendung berichteten sie einmal von Urkundenfälschung. Hätte ich nur besser aufgepasst. Allerdings weiß ich viel über die Existenz von ›Robbis‹, auch wenn die Informationslage dürftig ist.

Ich werde einen ausfindig machen, der Unterschriften nachahmt, schließlich wurden sie zur Arbeitserleichterung entwickelt, u. a. zum Einsatz in Büros.

Es wird ein Leichtes sein, einen Vertrag zu fingieren.

Strafmündig bin weder ich noch können sie einen ›Auftrags-Rob‹ verklagen.

Vorab schicke ich ihn auf eine Tour zwecks Spionage in Bezug auf geeignete Medikamente, die zur Bekämpfung von psychosomatischen Beschwerden infrage kommen.

Teddy erscheint auf der Bildfläche und schüttelt den Kopf.

Gedankenlesen beherrscht er.

Glaube mir, dieses Mal träume ich von keiner Errungenschaft, sondern wirke aktiv mit.

Deine ›Aber-Tiraden‹, schlucke sie bitte hinunter. Und anschließend die Pillen, die deine gesundheitlichen Probleme unwiderruflich besiegen.

Siegessicher bin auch ich.

Endlich ein Ziel vor Augen, das nicht aus Langeweile geboren wurde, sondern von Gefühlen getragen ist, die ich als ›Non-Rob-Mo‹ in allen Facetten spüre und nie wieder hergebe.

Sprechen die Menschen von neuer Chance, meinen sie ein notwendig gewordenes Umdenken, eine Reparatur

von Emotionen oder eine
Neuorientierung?

Zugegeben, ich bin weit entfernt von
ursprünglichen Plänen.

Sicher aufgrund des brisanten Traumes.

Ganz meine Ideen aufzugeben, davon
bin ich dennoch weit entfernt.

Eine zweite Chance wäre gefühlt, da ich
die ursprüngliche nicht wirklich
wahrgenommen habe. Treffender
vermag ich es nicht auszudrücken.

Etwas zu bewegen, daran bin ich in der
ersten Instanz gescheitert, was mich noch
mehr motiviert, in der zweiten perfekt
abzuliefern.

Ein Fazit ziehe ich:

Ich will der fühlende, winzige ›Schisser‹ bleiben, schlimmer noch als mein Buddy, und mir und anderen nichts mehr beweisen müssen.

Ich liebe mein Leben, wie es sich gestaltet und ich glaube, dass es manchmal besser ist, erst gar nicht zu erfahren, was sich verändern könnte.

Stillstand empfinde ich per se nicht mehr negativ besetzt, wenn es lediglich beinhaltet, dass ich über viele Dinge nichts weiß.

Nun beginne ich es zu lieben, weniger zu überblicken und das mit ganz viel Wohlwollen und Glück auszufüllen und hoffe auf viele, die es mir gleichtun, damit der Wahnsinn der Entwicklung zumindest im Kleinen gestoppt werden kann.

DANKE

Herzlichen Dank an die **Bildautoren**, die ihre Werke auf **Pixabay** zur Verfügung gestellt haben.

Im Einzelnen:

Seite 10 Bild von Larisa Koshkina

Seite 19 Bild von uleem odhit

Seite 45 Bild von Oberholster Venita

Seite 52 Bild von 愚木混株 Cdd20

Seite 54 Bild von guaxipo

Seite 62 Bild von OpenClipart-Vectors

Seite 66 Bild von Noupload

Seite 72 Bild von Gerhard Janson

Seite 73 Bild von Karsten Paulick

Seite 91 Bild von Clker-Free-Vector-Images

Seite 104 Bild von Pete Linforth

Seite 111 Bild von Mandy Fontana

Seite 113 Bild von Gerd Altmann

Seite 116 Bild von OpenClipart-Vectors

Seite 126 Bild von S. Hermann & F. Richter

Seite 137 Bild von Jazella

Seite 157 Bild von Biljana Jovanovic

Seite 165 Bild von Septimiu Balica

Seite 190 Bild von Gordon Johnson